Début d'une série de documents en couleur

Couverture inférieure manquante

LIGUE NATIONALE CONTRE L'ATHÉISME

CONFÉRENCES. — N° 1

L'IDÉE DE DIEU

DANS SES RAPPORTS AVEC LA SCIENCE

Par Ad. **FRANCK**

MEMBRE DE L'INSTITUT,
PROFESSEUR HONORAIRE AU COLLÈGE DE FRANCE,
PRÉSIDENT DE LA LIGUE NATIONALE CONTRE L'ATHÉISME
MEMBRE TITULAIRE DE LA SOCIÉTÉ D'ETHNOGRAPHIE

PARIS
GEORGES CARRÉ ÉDITEUR,
LIBRAIRIE DE LA LIGUE CONTRE L'ATHÉISME
RUE SAINT-ANDRÉ-DES-ARTS, 58
—
1891

Prix : 50 centimes.

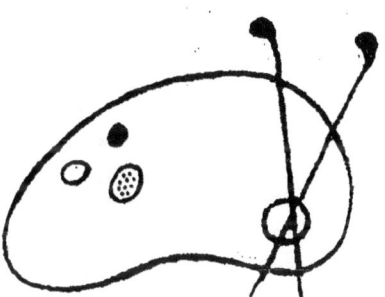

Fin d'une série de documents en couleur

LIGUE NATIONALE CONTRE L'ATHÉISME

CONFÉRENCES. — N° 1

L'IDÉE DE DIEU

DANS SES RAPPORTS AVEC LA SCIENCE

Par **Ad. FRANCK**

MEMBRE DE L'INSTITUT,
PROFESSEUR HONORAIRE AU COLLÈGE DE FRANCE,
PRÉSIDENT DE LA LIGUE NATIONALE CONTRE L'ATHÉISME
MEMBRE TITULAIRE DE LA SOCIÉTÉ D'ETHNOGRAPHIE

PARIS
GEORGES CARRÉ ÉDITEUR.
LIBRAIRIE DE LA LIGUE CONTRE L'ATHÉISME
RUE SAINT-ANDRÉ-DES-ARTS, 58

1891

Prix : **50** centimes.

ANGERS, IMP. BURDIN ET Cie, 4, RUE GARNIER.

AVERTISSEMENT

Le mercredi 10 mars 1891, a eu lieu dans la salle de la Société de Géographie, boulevard Saint-Germain, la première conférence de la Ligue nationale contre l'Athéisme depuis sa nouvelle organisation.

Le président de la Ligue, M. Ad. Franck, de l'Institut, avait tenu à faire lui-même cette première conférence, véritable programme de l'association : il fait appel à toutes les bonnes volontés, il convie tous les hommes religieux, quelles que soient les différences qui les séparent dans leurs professions de foi respectives, à se réunir contre l'ennemi commun, l'athéisme; et, par là même, contre le matérialisme et le positivisme, ses alliés inséparables. Un auditoire nombreux et choisi a chaleureusement applaudi cette généreuse parole.

D'autres conférences suivront celle-ci. La Ligue

contre l'Athéisme continuera son œuvre de défense sociale, grâce aux adhésions de jour en jour plus nombreuses qui lui viennent de toutes parts.

L'IDÉE DE DIEU

DANS SES RAPPORTS AVEC LA SCIENCE

PAR

AD. FRANCK, de l'Institut,
Membre titulaire de la Société d'Ethnographie.

Mesdames, Messieurs,

C'est au nom de la Ligue nationale contre l'Athéisme que j'ai l'honneur de vous adresser la parole. Ce n'est pas la première fois que cela m'arrive, et j'ose espérer, malgré mes quatre-vingt-deux ans, que ce ne sera pas la dernière. Parler de Dieu et combattre les erreurs qui tendent à le supprimer dans les manifestations de la vie publique, dans la conscience des individus, c'est le plus heureux emploi qu'un homme de mon âge et de tout âge puisse faire aujourd'hui de son activité et de son intelligence.

Mais, à l'instant même, et dès les premiers mots que je viens de prononcer, il me semble que je lis sur les lèvres de plus d'un assistant cette question ironique : Qui êtes-vous, combien êtes-vous pour former une ligue contre un mouvement d'idées qui paraît être le premier besoin de notre temps? D'où sortez-vous? Qui vous connaît depuis bientôt trois ans que vous existez? Qui se croit obligé de compter avec vous?

Nous pourrions répondre avec le grand mystique du dernier siècle, avec Saint-Martin dit *le Philosophe inconnu* : « Nous avons voulu faire du bien, nous n'avons pas voulu faire du bruit, parce que le bien ne fait pas de bruit et le bruit ne fait pas de bien. »

Mais ce serait un mauvais moyen de nous défendre. Grâce au régime de publicité sous lequel nous vivons, nous sommes tous, comme ce Romain dont nous parle l'histoire, logés dans une maison de verre. Toute œuvre qui prétend exercer une influence quelconque sur la société a besoin d'être aperçue : ce que l'on ne voit pas, et surtout ce qu'on n'entend pas, n'existe pas dans l'opinion de nos contemporains. Nous avons fait tout ce qui était en notre pouvoir pour être vus et pour être entendus.

La vérité est que nous n'avons pas été compris parce que nous voulions une chose à laquelle on ne peut atteindre sans une complète bonne foi, sans un parfait désintéressement. Pour les uns, nous étions un parti rétrograde qui n'aspire, par ambition du pouvoir, qu'à la restauration du passé et à la domination des esprits au sein d'une éternelle immobilité. En un mot, nous étions des cléricaux à peine dissimulés sous l'habit laïque, ou ce qu'on appelait pendant un temps « des jésuites à robe courte ». Vous, Mesdames et Messieurs, tous ou presque tous plus jeunes que moi, vous ne les avez peut-être jamais connus; mais, moi, on m'en a souvent fait peur quand je faisais mes études au collège de Nancy. Des cléricaux, des jésuites à robe courte, voilà donc ce que nous étions pour quelques-uns. Pour d'autres, nous étions des sectaires, c'est-à-dire des révolutionnaires en matière de morale et de religion, des esprits chimériques et utopiques, par là même fanatiques et implacables, qui, tournant le dos à la réalité, ne tenant aucun compte de la tradition ni de l'histoire, se sont fait une religion et une morale de fantaisie en dehors desquelles il n'y a, pour eux, ni justice, ni mérite, ni bonne foi, ni conviction, ni raison. Ce dogme de leur création, emprunté à leurs prédécesseurs avec les changements qu'ils ont cru utile d'y introduire et qu'ils multiplient arbitrairement sous prétexte de rajeunissement et de perfection, il ne leur répugne pas, tout en déclamant contre l'intolérance des temps passés, de l'imposer par la force, au nom de la liberté. Ils citeront volontiers comme exemples l'existence de Dieu et l'immortalité de l'âme décrétées par la Convention nationale et ayant pour sanction l'échafaud. Ils applaudiront à Jean-Jacques Rousseau qui bannit de sa cité imaginaire ceux qui n'admettent pas dans toute sa teneur la *Profession de foi du vicaire savoyard*.

Quant à dire en quoi consiste le dogme nouveau qu'ils ont la prétention de substituer aux vieilles croyances, j'y renonce; ce sera tout ce que vous voudrez : le déisme ou le panthéisme, ou le culte de l'humanité d'Auguste Comte, ou l'agnosticisme, c'est-à-dire le Dieu inconnu de Herbert Spencer!

Les deux opinions contraires qu'on s'est faites, ou qu'on persiste à se faire de nous, sont également fausses.

Nous ne sommes ni les hommes d'une école, ni ceux d'une secte. Partis de tous les points de l'horizon social, nous n'avons pas d'autre but, nous ne connaissons pas d'autre intérêt que la défense de la société elle-même, parce que nous ne la comprenons pas, nous n'admettons pas qu'elle puisse subsister sans Dieu, autant dire sans justice, sans honneur, sans liberté, sans respect d'elle-même; car Dieu, représentant l'éternité et la perfection, est le dernier mot et la suprême garantie de toutes ces choses. Qu'est-ce que la justice, qu'est-ce que l'honneur, qu'est-ce que la liberté, qu'est-ce que la moralité humaine, s'ils ne reposent pas sur des lois éternelles, et comment concevoir des lois éternelles sans un éternel législateur? Pour la liberté en particulier, nous avons remarqué qu'elle court les mêmes risques, qu'elle souffre les mêmes dommages avec l'athéisme qu'avec le fanatisme aveugle des anciens âges.

Loin d'être une secte présomptueuse qui prétend se mettre à la place de la tradition, de la foi de tous les âges, des religions qui se sont partagé et se partagent encore le respect du genre humain, nous avons appelé toutes ces religions, sans leur demander aucun sacrifice du côté de leurs dogmes, à s'unir entre elles contre leur ennemi commun, c'est-à-dire contre l'athéisme. De cette manière, si nous réussissons, — et notre succès dépend de vous, il est dans le vœu unanime des générations nouvelles, — nous sauverons ensemble la foi et la tolérance, nous mettrons d'accord la religion et la liberté; non pas une religion de notre invention; non pas une liberté de fantaisie, identique à l'anarchie ou au despotisme, mais la vieille religion et la vieille liberté, qui n'existent pas si elles ne sont conçues comme éternelles.

Ainsi donc, comme je le disais il n'y a qu'un instant, nous ne sommes ni des révolutionnaires ni des utopistes, mais des hommes de paix et de conciliation, des hommes pratiques qui appellent à eux toutes les forces vives de la société pour la sauver de la ruine et de l'abaissement.

Cette déclaration faite, — et comment aurions-nous pu nous dispenser de la faire? — nous rencontrons devant nous une question capitale, la seule question que je me suis proposé de traiter devant vous, la seule peut-être qui vous ait attirés dans cette enceinte. En vous annonçant que je me proposais de la traiter, j'ai voulu dire seulement que j'espérais lui ôter quelques-unes des obscurités, j'oserai ajouter quelque chose de l'effroi qu'elle présente ou qu'on s'efforce de lui faire présenter à la masse des intelligences.

Cette question, je la place dans la bouche de nos contradicteurs, en employant les termes dont je suppose qu'il leur conviendrait de se servir.

« Vous dites que vous ne pouvez concevoir la société sans Dieu; mais Dieu, tel que vous le comprenez, et de quelque manière qu'on le comprenne, peut-il se concevoir avec la science arrivée au degré de maturité où nous la voyons aujourd'hui? »

Je crois bien qu'on compléterait leur pensée en ajoutant : « L'idée de Dieu est absolument incompatible avec la science; il faut choisir entre les deux; par cela seul que vous admettez l'une, vous répudiez l'autre. »

Ce terrible dilemme ne date pas d'aujourd'hui : il est déjà très ancien; il est contemporain de tous les systèmes de philosophie qui donnaient pour origine à la nature le hasard ou le jeu aveugle des éléments de la matière. Mais, pour ne pas remonter trop haut dans l'histoire de la pensée humaine, j'en ferai honneur à Auguste Comte, le père du positivisme.

Selon Comte et ses disciples, l'histoire de l'esprit humain se partage en trois grandes périodes.

Dans la première, l'homme voyait partout la main de la Divinité et ne croyait qu'en elle : c'était la période théologique. Dans la seconde, l'homme, subissant la puissance des idées ou des pures abstractions créées par son intelligence, ne s'inquiétait pas de la réalité des choses; peu lui importaient les faits : c'était la période métaphysique, comme qui dirait le règne des hypothèses et des chimères. Enfin, dans la troisième période, l'esprit de l'homme s'est attaché uniquement aux faits qu'il connaît par son expérience ou qui frappent ses sens. Ces faits ou ces phénomènes, il s'est donné la tâche de les observer, de les analyser, sans s'inquiéter de leurs causes ni de leur raison d'être. Cette dernière période, dans laquelle nous vivons et dont nous ne sortirons pas, c'est celle de la science positive ou simplement de la science. Là, il n'y a pas de place pour l'action, ni même pour l'idée de la Divinité, non plus que pour une idée quelconque quand elle n'est pas le produit ou une simple généralisation de l'expérience.

Aussi Auguste Comte ne se faisait pas scrupule d'annoncer que le règne de Dieu était arrivé à son terme et que celui de l'humanité commençait. Mais, avec une naïveté charmante, il avait soin d'ajouter que l'humanité ne serait point ingrate, qu'elle tiendrait compte à Dieu de ses services provisoires.

Prise à la lettre, la division adoptée par Auguste Comte est inacceptable. Comment soutenir que, pendant la période métaphysique, au XVIIe siècle par exemple, qui marque le moment le plus brillant de cette période, la science fût entièrement inconnue ou négligée? Qui oserait dire que Descartes, l'inventeur de l'algèbre appliquée à la géométrie, Newton à qui nous devons la connaissance de l'attraction universelle, et Leibniz, l'un des fondateurs, sinon le fondateur unique du calcul infinitésimal, n'aient été que des métaphysiciens, c'est-à-dire, selon Comte, des esprits chimériques et des abstracteurs de quintessence? Du XVIIe siècle, passez au XVIIIe et même à la première moitié du XIXe : c'est bien un temps où florissait la science, où l'on ne jurait que par elle, où on lui promettait la régénération du monde, le temps des Lavoisier, des Lagrange, des Laplace, des Buffon, des Cuvier, des Monge, etc., etc. Est-ce que, durant toute cette époque, la métaphysique a sommeillé? C'est alors que l'Allemagne a vu paraître coup sur coup ou simultanément des systèmes comme ceux de Kant, Schelling et Hégel, et la France des penseurs tels que Joseph de Maistre, de Bonald, Maine de Biran, et, si l'on me pardonne de les nommer après eux, dans notre siècle de dénigrement, Lamennais, Cousin et Jouffroy. Je parle de métaphysique et de science; mais, entre les deux, n'y a-t-il pas une grande place occupée par la théologie? C'était bien de théologie qu'il s'agissait pour les jansénistes, les molinistes, les quiétistes, pour Port-Royal, Pascal, Fénelon,

Mme Guyon, les gallicans, les ultramontains. Lamennais, de Maistre, de Bonald, que j'ai nommés tout à l'heure, étaient des théologiens autant et peut-être plus que des philosophes. Aujourd'hui même, en face du positivisme et de nos physiologistes à outrance, l'interprétation de l'Écriture ou des livres bibliques se partage entre deux écoles : l'école rationaliste et l'école traditionnelle. Or, qu'est-ce que ces deux écoles, sinon des écoles de théologie ?

Laissant de côté la division introduite par Comte dans l'histoire de la pensée humaine, arrivons à l'idée qu'il s'est faite de la science. Cette idée n'est plus la même que celle que s'en faisaient les grands philosophes de l'antiquité, tels que Platon, Aristote, les stoïciens, et les grands philosophes du XVIIe siècle, à savoir : Descartes, Newton, Leibniz, même ceux du XVIe, parmi lesquels nous comptons Copernic et Képler, et ceux du XVIIIe siècle, au nombre desquels Kant, mathématicien, physicien et astronome, en même temps que métaphysicien, nous représente, au point de vue de la science, une très grande figure. Les savants de ces diverses époques, embrassant la science dans son unité comme le plus grand effort, l'application la plus complète de l'intelligence humaine, ne la séparent pas des idées nécessaires de la raison, des idées métaphysiques, tout en les distinguant de la métaphysique elle-même. Ils tiennent compte des idées de temps, pendant la période métaphysique, au XVIIe siècle par exemple, qui marque le moment le plus brillant de cette période, la science fût entièrement inconnue ou négligée? Qui oserait dire que Descartes, l'inventeur de l'algèbre appliquée à la géométrie, Newton à qui nous devons la connaissance de l'attraction universelle, et Leibniz, l'un des fondateurs, sinon le fondateur unique du calcul infinitésimal, n'aient été que des métaphysiciens, c'est-à-dire, selon Comte, des esprits chimériques et des abstracteurs de quintessence? Du XVIIe siècle, passez au XVIIIe et même à la première moitié du XIXe : c'est bien un temps où florissait la science, où l'on ne jurait que par elle, où on lui promettait la régénération du monde, le temps des Lavoisier, des Lagrange, des Laplace, des Buffon, des Cuvier, des Monge, etc., etc. Est-ce que, durant toute cette époque, la métaphysique a sommeillé? C'est alors que l'Allemagne a vu paraître coup sur coup ou simultanément des systèmes comme ceux de Kant, Schelling et Hégel, et la France des penseurs tels que Joseph de Maistre, de Bonald, Maine de Biran, et, si l'on me pardonne de les nommer après eux, dans notre siècle de dénigrement, Lamennais, Cousin et Jouffroy. Je parle de métaphysique et de science; mais, entre les deux, n'y a-t-il pas une grande place occupée par la théologie? C'était bien de théologie qu'il s'agissait pour les jansénistes, les molinistes, les quiétistes, pour Port-Royal, Pascal, Fénelon,

Mme Guyon, les gallicans, les ultramontains. Lamennais, de Maistre, de Bonald, que j'ai nommés tout à l'heure, étaient des théologiens autant et peut-être plus que des philosophes. Aujourd'hui même, en face du positivisme et de nos physiologistes à outrance, l'interprétation de l'Écriture ou des livres bibliques se partage entre deux écoles : l'école rationaliste et l'école traditionnelle. Or, qu'est-ce que ces deux écoles, sinon des écoles de théologie?

Laissant de côté la division introduite par Comte dans l'histoire de la pensée humaine, arrivons à l'idée qu'il s'est faite de la science. Cette idée n'est plus la même que celle que s'en faisaient les grands philosophes de l'antiquité, tels que Platon, Aristote, les stoïciens, et les grands philosophes du XVIIe siècle, à savoir : Descartes, Newton, Leibniz, même ceux du XVIe, parmi lesquels nous comptons Copernic et Képler, et ceux du XVIIIe siècle, au nombre desquels Kant, mathématicien, physicien et astronome, en même temps que métaphysicien, nous représente, au point de vue de la science, une très grande figure. Les savants de ces diverses époques, embrassant la science dans son unité comme le plus grand effort, l'application la plus complète de l'intelligence humaine, ne la séparent pas des idées nécessaires de la raison, des idées métaphysiques, tout en les distinguant de la métaphysique elle-même. Ils tiennent compte des idées de temps, d'espace, d'éternité, d'infini, de cause active, de cause finale, d'unité, de perfection. C'est Kant, le fondateur du scepticisme idéaliste, qui a écrit ces belles paroles : « Deux choses me remplissent d'un respect et d'une admiration toujours croissants : le ciel étoilé au-dessus de moi et la loi morale en moi. L'un me révèle la grandeur de Dieu, l'autre celle de l'homme. »

Aujourd'hui, la science est à peu près restée ce qu'Auguste Comte voulait qu'elle fût : l'observation et l'analyse des phénomènes, ou le raisonnement appliqué à la détermination de ces mêmes phénomènes, sans l'intervention des idées métaphysiques, des idées universelles dont nous venons de parler.

Le mouvement même, le progrès illimité des différentes branches des connaissances humaines a imposé aux savants cette manière de voir. Il a fallu que chacun d'eux se renfermât dans la sphère qu'il avait choisie comme objet de ses explorations. Il a fallu, par exemple, que le physicien se confinât dans la physique, le chimiste dans la chimie, l'astronome dans l'astronomie, le mécanicien dans la mécanique, le mathématicien dans la science des nombres et de l'étendue. Ils n'avaient pas à s'inquiéter, ni à tenir compte d'autre chose. Ils pouvaient se croire permis de nier l'existence des idées si chères à leurs devanciers, ou se les représenter comme des hypothèses fabriquées à plaisir.

Or, si vous supprimez ou rendez inaccessibles les idées d'infini, d'unité, d'universalité, de perfection, de plan préconçu ou d'intelligence régulatrice, il n'est plus permis de parler de Dieu ou d'essayer une démonstration de son existence; car il a cessé d'être, ou il n'a jamais été, s'il n'est pas l'être infini, l'être unique dans son infinitude, la source universelle de toute existence, l'être parfait, l'intelligence suprême qui a tout prévu et tout ordonné selon les règles d'une immuable sagesse, en un mot s'il n'est pas une providence.

A ces difficultés déjà insurmontables qu'oppose à l'idée de Dieu la science divisée et fragmentaire de nos jours, s'en joint une autre non moins insoluble. Dans l'étude isolée et indépendante des diverses parties de la nature, rien ne doit être donné au hasard ou à l'action imprévue d'une volonté quelconque, mais tout ce qui arrive est expliqué d'avance par ce qui l'a immédiatement précédé; tout phénomène a sa cause et sa raison d'être dans un phénomène antérieur. C'est ce qui a conduit notre grand physiologiste Claude Bernard à donner à la méthode scientifique, telle qu'il la comprenait et la pratiquait, le nom de déterminisme. L'expression est très juste quand elle est appliquée à la science partielle et fragmentaire. Mais, qu'est-ce que le déterminisme, quand on le transporte d'une sphère particulière dans une sphère générale? Pas autre chose que la négation de la liberté, pas autre chose que la suppression de la volonté elle-même, et par suite de toute loi, de toute règle de conduite, de toute idée de justice et de devoir, de bonté et de providence. A l'athéisme métaphysique que nous avons signalé il n'y a qu'un instant, comme la conséquence inévitable de la science actuelle, vient donc s'ajouter par le déterminisme ce qu'on peut appeler l'athéisme moral. Au reste, les deux athéismes sont inséparables et se confondent en un seul. Dieu absent, il n'y a pas de morale. La morale absente, il n'y a pas de Dieu. L'un et l'autre dérivent de la même cause : de la fragmentation illimitée et de ce qu'on peut nommer l'anarchie de la science contemporaine. Aussi, rien de plus logique que les paroles souvent citées d'un illustre astronome du commencement de ce siècle. On demandait un jour à Laplace, l'auteur de la *Mécanique céleste*, s'il donnait une place à Dieu dans sa théorie du monde : « J'ai pu jusqu'à présent, répondit-il, me passer de cette hypothèse. »

A l'opinion de Laplace, on peut opposer celle d'un autre astronome de grand nom. Leverrier ne croyait pas seulement en Dieu, il poussait la piété jusqu'à la dévotion. D'autres savants contemporains, les uns vivants, les autres morts depuis peu, se sont également déclarés les ennemis irréconciliables de l'athéisme et du matérialisme. Je me bornerai à citer les noms de Chevreul, l'illustre centenaire, de J.-B. Dumas, de

M. de Quatrefages, et, avant tous les autres, et par-dessus tous les autres, celui de notre incomparable Pasteur.

Mais, prenons la déclaration de Laplace pour ce qu'elle vaut, pour un des symptômes de la science de notre temps, pour un des effets de la déduction mathématique poussée à l'extrême; — il n'y a pas lieu de nous en inquiéter outre mesure. L'existence de Dieu est autre chose qu'une formule de mécanique céleste, et la science, en général, ne remplace pas la raison. On peut avoir beaucoup de science et être brouillé avec la raison, comme l'ont été, comme le sont encore certains savants emprisonnés dans le cercle borné de leurs spéculations. La science, c'est l'attribut, c'est la conquête de quelques-uns, une conquête qui peut exercer la plus heureuse influence sur la richesse, la santé, le bien-être, la puissance des individus et des nations. La raison, c'est, à quelques exceptions près, la propriété de tous, c'est la faculté maîtresse, l'attribut distinctif et indéfectible du genre humain. Elle a, comme le soleil, son aurore, son crépuscule, ses éclipses; mais, pas plus que le soleil, elle n'est menacée de s'éteindre; elle est même plus durable que lui, car elle est éternelle et ne peut se concevoir sans l'éternité, tandis que l'astre du jour ne survivra pas à notre système planétaire. Or, c'est la raison, non la science, qui nous dit que les êtres et les phénomènes que nous voyons dans ce monde commencer et finir, qui forment dans leur ensemble le monde lui-même, ne peuvent se concevoir sans une cause qui n'a pas eu de commencement et qui n'aura pas de fin.

C'est la raison, non la science, qui nous dit que les lois qui commandent à ce vaste monde, que les fins particulières en vue desquelles tous les êtres vivants sont organisés, que la lumière intellectuelle qui brille au dedans de nous, si pâles qu'en soient les rayons, supposent, de toute nécessité, une intelligence suprême et universelle. C'est ce que les Livres saints, et Platon avec eux, appellent la Sagesse, le Verbe éternel, le Verbe incréé.

C'est la raison, non la science, qui nous dit que des êtres bornés comme nous sommes, entourés d'autres êtres encore plus bornés qu'eux, ne peuvent s'expliquer leur existence que par celle d'un être sans bornes, c'est-à-dire infini, infini en durée ou éternel, infini en pouvoir ou tout-puissant, infini en sagesse et en bonté, ou sans limites dans ses perfections.

Ce n'est pas tout : la raison ou l'intelligence n'est pas la seule faculté de notre âme. A la raison vient se joindre, ou dans la raison nous rencontrons la conscience, un attribut que l'homme ne partage à aucun degré avec l'animal, qui n'existe à aucun degré chez les êtres qui lui sont inférieurs; un attribut dont on a vainement cherché à rendre compte par la coutume et l'hérédité. Car la coutume, si elle peut propager ce qui est, ne crée pas ce qui n'est pas, et l'hérédité ne peut que transmettre d'une génération à l'autre ce qui existe déjà. Or, qu'est-ce que nous dit la conscience sans l'intervention d'aucune science et avant la science? Que l'homme est libre dans le choix de ses actions, qu'il est libre de choisir entre le bien et le mal, mais qu'il faut se décider pour l'un ou pour l'autre; que, libre, il est responsable devant une loi qu'il n'a pas faite et qui s'impose à sa volonté; que cette loi, qui s'appelle le devoir, qui s'appelle le bien, l'ordre, la justice éternelle et universelle, ne s'est pas faite toute seule, mais suppose un législateur également éternel et universel. Nous avons le droit de dire aux savants, aux physiologistes, aussi bien qu'aux chimistes, aux physiciens et aux astronomes : Tout ce que vous pouvez soutenir, tout ce que vous pouvez trouver d'arguments dans les faits que vous avez étudiés et dans les raisonnements que vous pouvez faire, ne porte aucune atteinte ni au libre arbitre de l'homme, ni à la connaissance qu'il a de ses devoirs, ni à l'idée qui s'impose à lui d'un divin législateur. Aussi, depuis trois ou quatre mille ans que l'homme a pris connaissance de ses destinées morales et religieuses, on n'a rien ajouté ni rien retranché à ces antiques maximes, vainement contestées par nos évolutionnistes : « Tu ne tueras pas; tu ne voleras pas; tu ne rendras pas de faux témoignage; tu ne te prosterneras pas aux pieds des idoles; tu aimeras Dieu par-dessus toutes choses et ton prochain comme toi-même. »

Mais l'homme n'est pas seulement raison et conscience, raison et liberté ou intelligence et force; il est aussi amour, c'est-à-dire qu'il compte parmi ses facultés les plus importantes, les plus caractéristiques, le sentiment ou ce qu'on appelle vulgairement le cœur. Le sentiment, c'est tout autre chose que la sensation ou ce mouvement intérieur qui vient du dehors, qui a sa cause dans le choc du monde extérieur et son principe dans l'organisme, dans les sens. Le sentiment n'appartient qu'à l'âme et comprend ces trois choses : l'amour, l'admiration et la foi. Par l'amour, il s'attache à ce qui est bon; par l'admiration, à ce qui est beau; et par la foi, à ce qui est vrai, à ce qui mérite notre confiance et nous soutient dans le malheur ou dans le doute. Ces trois manières de sentir nous révèlent également la Divinité. Le suprême degré de la bonté, objet de notre suprême amour, c'est la bonté divine, dont la bonté humaine n'est qu'une faible image. Le suprême degré de la beauté, objet de notre suprême admiration, c'est la beauté éternelle, la beauté parfaite, réfléchie d'une manière plus ou moins sensible dans les beautés périssables de ce monde, dans les beautés de l'âme plus que dans celles du corps. Enfin le suprême degré de la vérité, objet de notre foi la plus inébranlable, source de nos consolations les plus pures, de nos espérances les plus sublimes, c'est la suprême vérité, la vérité éternelle, la vérité infinie, la vérité divine. Donc, ce sont là de véritables révélations de Dieu, qui, transmises d'âge en âge par la tradition, par l'enseignement d'une autorité supérieure, deviennent des dogmes et revêtent le caractère de la religion. Pascal les définit d'un seul mot auquel il n'y a rien à ajouter. Elles sont pour lui « Dieu sensible au cœur ». Dieu sensible au cœur est, s'il est possible, encore plus indépendant de la science que le Dieu qui nous parle par la raison, que le Dieu qui se manifeste par notre liberté et qui nous apparaît dans l'idée du devoir.

Ainsi donc l'idée de Dieu, la croyance en Dieu, s'impose à nous par tous les attributs de notre nature spirituelle, par la totalité des facultés de notre âme, en même temps qu'il parle à nos yeux par les magnificences de la création. C'est avec vérité que saint Paul a dit : « En lui nous avons la vie, le mouvement et l'être, *In eo vivimus, movemur et sumus.* »

On a dit, on soutient aujourd'hui au nom de la science que la lutte pour la vie est la loi de l'humanité aussi bien que celle de la nature animale. Rien n'est plus faux. Les hommes luttent entre eux pour la charité, pour la vérité, pour le sacrifice autant que pour la conservation et la satisfaction de leurs intérêts personnels. Lutter pour la charité, la vérité et la gloire du sacrifice, c'est lutter pour la cause de Dieu. C'est par cette lutte que l'humanité a commencé, et c'est par elle qu'elle finira, si elle doit finir. Aujourd'hui même elle continue, en dépit de l'athéisme et du positivisme, en dépit des efforts que l'on fait pour la comprimer et des obstacles de toute nature que de prétendus apôtres de la vérité lui opposent.

Permettez-moi, Mesdames et Messieurs, de prendre congé de vous sur cette parole, car je n'en trouve pas dans mon esprit de plus fortifiante. En même temps qu'elle est la glorification du passé, elle nous déguise en grande partie les maux du présent et nous ouvre le champ de l'avenir.

[Extrait des *Annales de l'Alliance scientifique*, 1891, n° 78].

ANGERS, IMP. BURDIN ET C¹ᵉ, RUE GARNIER, 4.

www.ingramcontent.com/pod-product-compliance
Lightning Source LLC
Chambersburg PA
CBHW070457080426
42451CB00025B/2776